QUELQUES MOTS

SUR LA

COLONISATION MILITAIRE

EN ALGÉRIE.

PAR E. PELLISSIER,

AUTEUR DES *Annales algériennes*,
ANCIEN DIRECTEUR DES AFFAIRES ARABES.

PARIS.

GARNIER FRÈRES, LIBRAIRES,

10, RUE RICHELIEU,
ET PALAIS-ROYAL, 214, 116 *bis*.

1847.

QUELQUES MOTS

SUR LA

COLONISATION MILITAIRE

EN ALGÉRIE.

L'idée de faire en Algérie de la colonisation aux frais de l'État paraît être à quelques esprits, fort droits et fort logiques du reste, une conception monstrueuse. On éprouve en effet quelque peine à concevoir qu'il puisse être utile, qu'il puisse être juste surtout, d'augmenter les charges déjà fort lourdes qui pèsent sur les contribuables en France, pour assurer le bien-être de quelques familles de cultivateurs en Afrique. Mais il en est de ceci comme d'une foule d'autres questions que l'on est exposé à mal juger, si on ne les considère que sous un seul point de vue.

Il est clair que s'il ne s'agissait que de demander de l'argent à Paul, qui est en France, pour enrichir Pierre qui veut aller en Algérie, la proposition ne serait pas soutenable; mais il faut avouer qu'elle changerait complétement d'aspect, s'il venait à être démontré qu'à l'existence productive, et par conséquent aisée, de ce Pierre en Afrique, se rattachent des considérations d'utilité générale de la plus haute importance; car alors ce ne serait plus une prime arbitraire qu'il s'agirait de jeter capricieusement à la tête d'un individu, ce serait une somme quelconque à consacrer à un service public.

Supposons que le ministère se mette en tête de fonder une colonie n'importe où, et que sûr d'avance que les colons ne s'y porteront pas d'eux-mêmes, il demande au pays de l'argent pour les y conduire et les y établir; il est hors de doute que les chambres feront fort bien de lui refuser cet argent. Mais le cas du ministère actuel n'est pas celui-là. L'occupation de l'Algérie, qu'on la considère comme un bien, comme un mal ou comme une nécessité, ce que je ne cherche pas à discuter, est un fait généralement admis et accepté avec plus ou moins de bonne grâce. Selon moi, c'est le second acte (la formation de la Grèce indépendante a été le premier), c'est le second acte, dis-je, dans le bassin de la Méditerranée, de cette absorption infaillible du monde musulman par le monde chrétien, que poursuivent, avec tant de persévérance et de succès, les Anglais et les Russes dans les Indes et dans l'Asie centrale. Quoi qu'il en soit, c'est, je le répète, un fait désormais hors de discussion. Mais à ce fait ne viennent pas se rattacher, pour le présent du moins, tous les avantages matériels que de complaisantes illusions avaient pu faire entrevoir. Loin de là, des embarras très-réels, des sacrifices énormes résultent de la position que les événements nous ont faite en Algérie. Ces embarras, ces sacrifices, il est impossible d'en prévoir le terme, tant que nous n'aurons pas sur le sol africain une population bien réellement à nous et susceptible de pourvoir à ses besoins par son travail. Or cette population, la colonisation européenne seule peut nous la donner.

On a pu se bercer quelque temps de l'espoir que la colonisation pourrait s'opérer d'elle-même ; mais l'expérience a dissipé tous ces beaux rêves. Je sais tout aussi bien, et mieux que beaucoup d'autres peut-être, que l'administration est loin d'avoir suivi la marche qu'elle aurait dû suivre pour donner à ces rêves quelques chances de réalisation. Mais il ne serait pas fort difficile de démontrer que le plus souvent ses erreurs se sont tellement compensées, que son action sur la colonisation libre et spontanée n'a été ni bonne ni mauvaise, mais absolument nulle. On peut la représenter par une équation dont l'inconnu est zéro. Ainsi donc, si l'administration n'a rien su faire pour que la colonisation libre se développât, elle n'a rien fait non plus pour l'empêcher. Les portes sont restées ouvertes, et il a été loisible à chacun de les passer. Peu de gens, il est vrai, en ont profité. Que conclure de cela ? Que la concurrence aurait été plus grande si la résultante de tous les actes incohérents de l'administration avait été positive, au lieu d'être purement négative ? Je ne le pense pas.

Jetons nos regards en arrière, et voyons par quel concours de circonstances, avec quels éléments se sont formées les anciennes colonies. Les Phéniciens, les Grecs en ont fondé de puissantes, qui souvent ont

rivalisé avec leurs métropoles et les ont même éclip-
sées quelquefois. Or, quelle a été l'origine de ces colonies? Presque toujours des secousses intestines ou
des guerres malheureuses, qui forçaient des parties
notables des populations des anciens États, des tribus
entières, d'émigrer en masse avec leurs richesses mo-
bilières, les objets sacrés de leur culte et leurs habitudes d'ordre et de travail. Ce furent aussi des secousses
intérieures qui, dans les temps modernes, chassèrent
de la Grande-Bretagne, et poussèrent vers l'Amérique
du Nord, ces fortes et morales émigrations portant
dans leur sein ce germe d'indépendance d'où devait
sortir plus tard la puissante république des États-Unis.
Voilà certes d'excellents éléments coloniaux avec les-
quels tout devient facile, ou plutôt voilà une société
tout organisée qui ne fait que changer de lieu.

L'Espagne et le Portugal peuplèrent l'Amérique du
Sud d'éléments moins purs ; mais enfin la population
européenne y afflua, parce que les mines de ces contrées offraient à la cupidité des bénéfices prompts et
faciles, et qu'un peuple faible et désarmé était là tout
prêt à fournir des travailleurs dont le salaire devait être
le bâton, instrument d'industrie très-peu coûteux.

Or, l'Europe, la France sont-elles maintenant tra-
vaillées par ces agitations politiques ou religieuses qui
disposent des classes entières de gens moraux et aisés
à aller chercher le repos dans une nouvelle patrie?
L'Algérie a-t-elle les mines éblouissantes du Nouveau-
Monde à offrir à une catégorie d'émigrants moins re-
commandable sans doute, mais enfin énergique et

intelligente ? Non, rien de tout cela. Les éléments coloniaux ne peuvent être fournis que par des familles misérables dont la pauvreté, trop longtemps soufferte, a diminué la force physique et morale, ou par des familles qui, sans être réduites encore à cet état, sont menacées d'y tomber. Les premières n'ont pas les moyens de se déplacer sans secours ; les secondes peuvent le faire ; mais comme la France est fort près de l'Algérie, abandonnées à leurs propres ressources, elles se hâteront d'y retourner, si les premiers essais ne sont pas heureux, avant que ces ressources ne soient complétement épuisées. En un mot, elles ne seront point disposées à lutter jusqu'au bout, comme il faut bien que le fassent les émigrants qui vont en Amérique, d'où il leur est si difficile de revenir. Or, c'est au bout de la carrière qu'est la palme.

Quelques personnes ont cru qu'en livrant le sol de l'Algérie à de gros capitalistes, à de puissantes compagnies, on parviendrait à y attirer des travailleurs sans qu'il en coutât rien à l'État. Ce système ne supporte pas cinq minutes d'examen ; car en admettant que l'appât d'un gain journalier, sans autre perspective, pût suffire pour amener des bras en Afrique, ce ne serait qu'autant que les salaires seraient fort élevés. Or pense-t-on que des capitalistes qui raisonnent et qui savent combien en France, où tout est fait ou à peu près, où la main-d'œuvre est à un prix modéré, qui savent, dis-je, combien l'agriculture, considérée comme spéculation, est un pauvre placement, voudront sérieusement entreprendre de la spéculation.

de ce genre en Afrique où tout est à faire, et où les salaires sont exorbitants? Des compagnies pourraient
sans doute se former ; mais qu'on soit bien persuadé
que les potentats financiers, sous le patronage desquels
elles verraient le jour, n'auraient d'autre but, comme
toujours, que de réaliser promptement de gros bénéfices en tripotant les actions. La théorie de la chose
est aussi simple qu'ingénieuse, et pourrait s'appliquer
à l'Algérie comme à toute autre matière exploitable
dont le public viendrait à s'engouer. Il n'y a rien de
sérieux à attendre de ce côté-là. Nous avons vu quelques spéculateurs demander des terres au gouvernement et le gouvernement les leur céder; mais la chose
a presque toujours eu lieu parce qu'il y avait sur ces
terres de belles prairies naturelles, dont ces messieurs
pouvaient vendre les foins au gouvernement à qui ils ap-
partenaient. C'est-à-dire que le gouvernement achetait
son propre bien. Au moyen de cette clause commode
pour eux, ils attendaient, en se croisant les bras, que
la non-exécution de quelques conditions sérieuses et
plus onéreuses amenât l'éviction.

Ainsi donc, puisque la conservation de l'Algérie est
admise, que cette conservation ne peut être assurée
et dégagée de tout embarras que par la colonisation,
et que la colonisation abandonnée aux efforts particuliers est impossible, il ne reste plus qu'à coloniser aux
frais de l'État. Nous nous sommes déjà un peu en-
gagés dans cette voie d'un pas timide ; les Romains
l'ont parcourue d'un pas hardi, et ils ne s'en sont
point trop mal trouvés.

Ce point arrêté, reste à savoir si l'on colonisera avec des militaires, ou si l'on fera ce qu'on appelle de la colonisation civile : grave question qui divise en ce moment de graves esprits. Ce qu'il y a de curieux, c'est que l'on convient, de part et d'autre, que les colons, destinés à se trouver en face d'une population guerrière plus ou moins hostile, devront être armés jusqu'aux dents, et que dans les villages dits civils existant déjà dans le Sahel, on a eu bien soin, et avec raison, d'organiser la population en milice; de sorte que cette discussion se rapproche assez d'une dispute de mots. Mais les mots sont très-puissants en Algérie où la réalité fait si souvent défaut. Mettons de côté toute phraséologie oiseuse et allons droit au but.

Si l'État consent à faire les sacrifices qu'exige de lui la position, il a le droit et le devoir de veiller à ce que tout marche d'après l'impulsion qu'il croira devoir donner à la machine organisée par lui. Lorsqu'il aura placé, aux frais du trésor public, une population européenne dont il aura assuré le bien-être, en face d'une population arabe, ce sera à lui qu'il appartiendra d'établir le genre de rapports qui devra exister entre ces deux populations, sans que jamais les passions ou les intérêts particuliers viennent entraver l'exécution de ses plans. Ce sera à lui de donner la direction aux travaux, de régler l'hygiène et le régime alimentaire de la colonie naissante, d'y maintenir les bonnes mœurs, d'en bannir l'oisiveté, d'en déterminer la défense, afin qu'aucune chance de succès ne soit négligée et que rien ne détourne du but. Cette tutelle devra s'étendre à tout, devra être incessante jusqu'au moment où l'exercice, longtemps soutenu, d'une sage discipline, aura inculqué dans les esprits les habitudes et les idées qui devront être vulgarisées pour le bien de la chose. Sans cela le gouvernement peut être débordé, et les sacrifices imposés au pays auront eu lieu en pure perte. Or il me paraît incontestable que l'élément militaire, déjà façonné à la discipline, est le plus propre à un ordre de choses où, comme dans les camps, les volontés particulières doivent s'effacer devant la volonté directrice, sous peine de tout compromettre.

Qu'on songe bien qu'il ne s'agit pas ici de coloniser un pays vide d'habitants, ou habité par des populations dont il soit permis de ne tenir aucun compte. Qu'on ne perde pas de vue que la bonne direction donnée à nos relations avec les indigènes étant un des points d'où dépend le succès, et un des plus importants, il est très-essentiel que rien ne vienne faire obstacle à cet égard à la politique adoptée. On sait de quel œil les indigènes voient les aventuriers que l'Europe jette sur les contrées qu'elle soumet; on connaît leurs œuvres dans l'Amérique espagnole où ils forcèrent la main au gouvernement, qui était loin, bien loin d'approuver toutes les atrocités qu'ils commirent. Les temps sont changés sans doute, et les hommes un peu aussi, je veux bien le croire; cependant je ne conseillerais pas au gouvernement, s'il veut fonder quelque chose de convenable en Algérie, de se reposer sur la philanthropie des particuliers dans ses rapports avec les indigènes ; qu'il ne s'en rapporte qu'à lui, en s'aidant du joug salutaire d'une discipline énergique et éclairée.

Que l'on n'aille pas me prendre cependant pour un admirateur fort chaud de ce qu'on appelle le régime du sabre ; je ne suis pas même de ceux qui ont voulu, à toute force, que l'on remît l'empereur Napoléon sur la colonne Vendôme ; j'aurais tout au plus passé le général Bonaparte. Je ne suis donc pas, je le répète, engoué le moins du monde du régime militaire. Mais en considérant tous les éléments que l'on peut appeler à concourir à la colonisation de l'Algérie, l'élément militaire m'a paru le plus précieux, eu égard aux circonstances au milieu desquelles nous devons opérer, sous le triple rapport de l'énergie, de la docilité et de la moralité. C'est donc lui à qui il convient, je crois, de donner la préférence dans tous les nouveaux essais de colonisation par l'État. De toutes les personnes qui ont écrit sur l'Algérie, je suis le premier qui ai proclamé les immenses avantages que l'on pouvait retirer de la colonisation militaire, et cela dès 1836, date de la publication des premiers volumes de mes *Annales Algériennes*. Mes idées n'ont pas varié depuis, car rien de ce qui s'est passé dans les dix dernières années n'a été de nature à les modifier.

Je ne prétends pas cependant qu'en employant l'élément militaire, et en l'employant exclusivement dans la colonisation par l'État, cet élément ne doive pas se modifier lui-même avec le temps. Les villages militairement fondés ne pourraient en effet rester toujours et purement militaires, qu'en admettant des changements périodiques de population, puisque ce n'est que dans les limites fixées par la loi qu'un Français est soldat. Ensuite, le régime militaire, qui n'est qu'une exception dans la vie du citoyen, ne saurait servir de type à une société qui doit tendre à se modeler sur la métropole et jouir de la même liberté de développement. Le régime militaire doit être le point de départ, le moyen d'exécution, la garantie offerte à la France des résultats utiles de ses sacrifices, mais non le but et l'état permanent. La durée doit en être calculée de manière à ce qu'il cesse, lorsque les communautés qui lui devront leur existence auront atteint l'âge viril, et que les bonnes habitudes, dues à la discipline, pourront se perpétuer par la tradition.

Selon moi, voici comment on pourrait opérer : les hommes qui désireraient faire partie de la colonisation militaire, ne pourraient y être admis qu'après trois ans de service, dont un au moins en Algérie. Ces hommes, répartis selon l'importance des points à coloniser, seraient employés d'abord à la construction des habitations et aux travaux d'utilité publique et générale, puis à la mise en culture. Les travaux agricoles seraient en commun ainsi que les produits. On confierait la gestion des matières et des deniers à un conseil d'administration présidé par le commandant de la colonie, et nommé par l'autorité supérieure. Chaque année les revenus seraient partagés entre les membres de la petite société, qui recevraient

de plus la solde et les autres allocations de l'infanterie.
Telle serait la première période d'existence de la colonie.

La seconde commencerait à l'époque où les colons auraient droit à leur libération du service militaire, c'est-à-dire trois ou quatre ans après la fondation de la colonie. Les hommes qui le désireraient recevraient leur congé définitif et se retireraient avec les bénéfices qu'ils auraient nécessairement faits sur leur part annuelle des produits. Mais ceux qui consentiraient à contracter un nouvel engagement de trois ans et qui présenteraient une femme légitime, recevraient en toute propriété, mais avec clause d'inaliénabilité pour trois ans, une maison et un jardin. Ils continueraient, pendant ces trois ans, à concourir aux travaux en commun et à prendre part aux produits ; ceux de leurs jardins seraient leur propriété exclusive.

Après les trois ans que nous venons de dire, la colonie entrerait dans la troisième période. Tout colon arrivé au terme de son rengagement recevrait dix hectares de terre, et serait complétement libre de faire ce qu'il lui conviendrait. S'il désirait contracter un troisième engagement, il le pourrait dans les limites de la loi du recrutement ; s'il voulait rester dans la colonie comme colon civil, les rapports qui s'établiraient entre lui et le commandant de la colonie, ne seraient plus que ceux qui existent entre tout citoyen et son maire.

Maintenant voici quelles seraient, à mon sens, les conséquences de l'organisation dont je viens d'esquisser le plan :

1° Les localités dont l'occupation serait reconnue nécessaire pour servir de points de départ et de magasins à nos colonnes d'expédition, étant gardées par les colons militaires, il n'y aurait pas, au bout du compte, augmentation d'effectif dans l'armée d'Afrique, puisque la partie mobile de cette armée, n'ayant plus à se préoccuper de la garde de ces localités, pourrait sans inconvénient être moins considérable.

2° Les avantages matériels qui, dès la première période, seraient assurés aux colons militaires, leur garantiraient un recrutement suffisant. En effet, ces colons ayant la solde et les autres prestations, seraient certains de se créer un petit pécule avec leurs parts annuelles dans les produits, et cela sans que leur avenir fût plus engagé que celui de leurs camarades de l'armée active.

3° Ce même pécule leur donnerait la facilité d'entrer en ménage, et l'attrait d'une propriété personnelle en déterminerait nécessairement un grand nombre à contracter le rengagement de trois ans qui la leur assurerait.

4° Arrivée à la troisième période, la colonie se trouverait composée ou d'éléments devenus tous civils, ou d'éléments restés militaires, ou d'éléments mixtes (cas probablement le plus commun), selon le parti qu'auraient pris les colons à la fin de la deuxième. Dans tous les cas, l'avenir de la colonie serait assuré; car les habitudes d'ordre, de travail, d'hygiène, qui y auraient été introduites par la discipline, s'y per-

pétueraient par la tradition, ce qui est précisément,
comme je l'ai dit plus haut, le but que l'on doit se
proposer.

Reste à considérer un côté fort important de la
question, à savoir les femmes. Le mariage, qui est
un acte sérieux qu'il y aurait du danger à vouloir
brusquer, ne serait obligatoire qu'à la deuxième
période, mais il serait facultatif, et devrait même
être encouragé dès la première. A cet effet, les colons
qui se marieraient auraient aussitôt droit à une maison
particulière pour leurs familles, et recevraient double
ration de vivres.

Quant au moyen de recrutement des femmes, plu-
sieurs se présentent : d'abord il arriverait que bien
des colons militaires se voyant en voie de s'assurer
une bonne position, appelleraient à eux celles que
d'anciennes affections lieraient à leur destinée. L'Algérie est peu loin de la France, et le voyage, favorisé
par l'État, ne serait ni long ni difficile. Ceux dont
aucun souvenir ne déterminerait le choix, pourraient
dès à présent trouver des compagnes en Algérie,
soit dans la classe ouvrière, qui depuis quelque
temps a beaucoup augmenté dans les villes, soit
parmi les familles de colons déjà établies dans le sahel
d'Alger, soit à l'hospice des orphelines. D'autres
moyens se présentent à l'esprit; mais vraiment on
n'ose les aborder dans ce temps de pruderie hypo-
crite d'une part, et de cynisme effronté de l'autre.
Un lourd et prétentieux apophthegme, une saillie
érotique, sont de pauvres arguments sans doute;

cependant ils gênent la discussion, et je crois devoir les éviter. Ma conviction profonde n'en est pas moins qu'un colon militaire trouvera une femme, et une bonne et honnête femme, dès qu'il sera en position de la chercher.

On objectera peut-être que l'application journalière de la discipline militaire sera peu compatible avec la vie conjugale et le travail agricole. Sans doute, il en serait ainsi si cette discipline devait être ce que nous la voyons dans les casernes; mais ce n'est pas là ce que j'entends. Bornée aux points essentiels, aux prescriptions qui doivent assurer le développement de la colonie, elle serait peu tracassière et ne gênerait en rien les bons sujets qui y seraient soumis. C'est pour en rendre l'exécution plus facile, et pour qu'elle n'entrave point la marche des travaux de l'agriculture, que je crois que le travail en commun doit être adopté dans les commencements.

Le système de colonisation militaire, tel que je l'entends, n'aurait du reste rien d'exclusif. Je ne nie pas que la colonisation civile du Sahel n'ait fait quelques progrès. Tout en ne pensant pas qu'il soit bon de continuer à opérer dans ce sens, surtout en avançant dans l'intérieur, je ne méconnais point ce qu'elle a produit. Je le méconnais d'autant moins qu'elle doit en grande partie son existence aux bras de nos soldats. Quant à la colonisation libre et spontanée, que je crois radicalement impuissante par elle-même, il est possible qu'après l'établissement de la colonisation par l'État, elle prenne, grâce à celle-ci, du dé-

veloppement sur quelques points. Rien ne s'oppose
au surplus à ce que messieurs les capitalistes essayent
d'opérer les merveilles que l'on promet en leur nom ,
pourvu qu'on ne passe pas avec eux des marchés de
dupe, et qu'ils n'arrivent pas en Afrique avec l'unique
pensée d'exploiter le manant et de tuer la petite propriété.

Le mode de colonisation à adopter pour l'Algérie
peut être discuté, il me semble, en dehors de la fu-
neste influence de cet esprit de parti, qui se mêle si
mal à propos à tant de questions administratives.
Cependant il est assez difficile de méconnaître que les
rancunes de la presse quotidienne contre le maréchal
Bugeaud, ont puissamment contribué à la jeter presque tout entière dans les rangs des adversaires de la
colonisation militaire. Il a été dit à cet égard des choses
d'autant plus injustes, que le gouverneur général, par
son éloignement pour les grandes concessions, par sa
prédilection pour la petite propriété, par sa sage in-
crédulité touchant la puissance féerique des capitaux
dans un pays où il s'agit, avant tout, d'organiser le
travail, est en Algérie le vrai représentant des intérêts
démocratiques, dont la plupart de ses antagonistes de
la presse se disent les apôtres. Un système est bon ou
mauvais par lui-même, indépendamment de la main
qui le présente, et il me semble que le maréchal a au
moins acquis le droit de se faire écouter avec atten-
tion, lorsqu'il parle d'un pays qu'il gouverne depuis
six ans. Je crois que la pensée qui sert de base à son
système est bonne et applicable. Les moyens d'exé-

cution que je propose diffèrent un peu des siens, et puisque je les publie, c'est que je les crois meilleurs, mais le principe est le même.

La défaveur manifeste avec laquelle est généralement accueilli le projet de colonisation militaire, tient encore au dépit, tout à fait injuste et puéril, que fait naître à Alger même, dans certains esprits, la prépondérance des gens d'épée; c'est s'indigner fort mal à propos contre ce qui tient à la nature intime des choses. Les militaires sont prépondérants en Algérie, parce que cette Afrique française, comme on l'appelle, n'existerait pas sans eux. Non-seulement ils l'ont conquise, mais ce sont eux qui la font vivre; ses artères, encore un peu artificielles, n'ont pas une pulsation qui ne vienne d'eux. La population civile croît et décroît avec l'effectif de l'armée d'Afrique, ou reste stationnaire avec lui; c'est un fait palpable, évident, incontestable. Supposons que la disparition complète des Arabes, leur anéantissement, permît de rappeler l'armée tout entière; certes, le champ serait alors bien libre. Eh bien! sait-on dans ce cas ce qui arriverait? Que toute la population civile se retirerait, tant, dans l'état actuel des choses, il lui est impossible de vivre sans l'armée. Je défie qu'on puisse opposer un seul argument raisonnable à cette conséquence d'une supposition, qui ne se réalisera pas, il est vrai. Depuis l'évêque et le procureur-général, jusqu'au sacristain et au garde champêtre, on pourrait à la rigueur se passer de tout en Algérie; mais on ne saurait se passer de l'armée. Voilà pourquoi les militaires sont prépondérants. Or, voulez-vous que cet état de chose change, que l'Algérie cesse de n'être qu'un camp ; attachez ces militaires au sol, et avant vingt ans ils formeront une population civile vivant de sa propre vie et non d'une vie d'emprunt.

En terminant ce petit écrit, je fais des vœux pour que les encouragements que les chambres croiraient devoir donner à la colonisation militaire, ne nous fassent pas augmenter outre mesure nos postes d'occupation, ni disséminer peu sensément nos moyens d'action. J'en fais aussi pour que l'élément arabe continue à n'être pas négligé, M. le maréchal Bugeaud devrait-il encore s'exposer par là aux attaques de je ne sais quel journal, qui dernièrement l'accusait presque de haute trahison pour avoir rétabli les Arib dans leurs droits incontestables sur la Rassauta. Le comble d'habileté de la part d'un homme, qui ne nie pas, que je sache, cet élément, serait de l'employer de manière qu'en cas de guerre européenne il nous fût un secours et non un embarras. Nous devons désirer que dès à présent des centres d'administration indigène fonctionnent assez bien pour que la présence de nos troupes ne soit plus nécessaire dans des contrées qui de longtemps ne devront être abordées par la colonisation. Nous aurions d'autres vœux à faire si la paix de l'Europe était incontestablement assurée, si les puissances civilisées s'entendaient bien pour ne plus exercer leur activité guerrière qu'aux dépens d'une société si longtemps antagoniste de la leur. Mais dans l'état de doute où nous laisse la diplomatie à cet égard, il est prudent de subordonner un peu notre politique en Algérie à ce que, d'un moment à l'autre, peut exiger de nous notre politique générale.

PARIS. — IMPRIMERIE DE FAIN ET THUNOT,
Rue Racine, 28, près de l'Odéon.